少年口才班

哈，又学一招

见面主动打招呼

时间岛图书研发中心◎编绘

北京时代华文书局

图书在版编目（CIP）数据

少年口才班. 哈，又学一招 / 时间岛图书研发中心编绘. -- 北京：北京时代华文书局，2021.6
ISBN 978-7-5699-4197-5

Ⅰ. ①少… Ⅱ. ①时… Ⅲ. ①口才学—少儿读物 Ⅳ. ① H019-49

中国版本图书馆 CIP 数据核字（2021）第 112945 号

少年口才班　哈，又学一招
SHAONIAN KOUCAIBAN HA, YOU XUE YI ZHAO

编 绘 者｜时间岛图书研发中心

出 版 人｜陈　涛
选题策划｜郄亚威
责任编辑｜石乃月
封面设计｜王淑聪
责任印制｜刘　银

出版发行｜北京时代华文书局 http://www.bjsdsj.com.cn
　　　　　北京市东城区安定门外大街 138 号皇城国际大厦 A 座 8 楼
　　　　　邮编：100011　电话：010-64267955　64267677
印　　刷｜唐山富达印务有限公司　电话：022-69381830
　　　　　（如发现印装质量问题，请与印刷厂联系调换）
开　　本｜787mm×1092mm　1/32　印　张｜1.5　字　数｜16 千字
版　　次｜2021 年 6 月第 1 版　印　次｜2021 年 6 月第 1 次印刷
书　　号｜ISBN 978-7-5699-4197-5
定　　价｜160.00 元（全 10 册）

版权所有，侵权必究

打个招呼
你准备好了吗？

- 使用恰当的**称呼**
- 拉近距离的**开场白**
- 主动向陌生的亲戚**问好**
- 不同对象用对**方式**
- **分清时间**和地点

主人公登场

夏小佐

个人简介

不太守规矩,酷爱新鲜事物,任何场合都能玩得很嗨的夏小佐

夏小佑

个人简介

成绩超好,举止优雅,爱帮助别人的暖心小女孩夏小佑

贾博

个人简介

喜欢认识新朋友,口才一级棒,有时候却粗心大意到让人抓狂的贾博

米娜

个人简介

爱吃草莓,胆子小,说话温柔,爱哭又爱笑的米娜

柏丽尔

个人简介

喜欢扎马尾辫，热爱小动物的高个子女生柏丽尔

小佐妈妈

个人简介

注重形象，做得一手好菜，却害怕猫的小佐妈妈

小佐爸爸

个人简介

慢条斯理，经常挨妈妈批评的小佐爸爸

曹老师

个人简介

有学问又有耐心，非常了解孩子的班主任曹老师

苗校长

个人简介

和蔼可亲，又不失幽默风趣的胖胖的苗校长

目 录 MULU

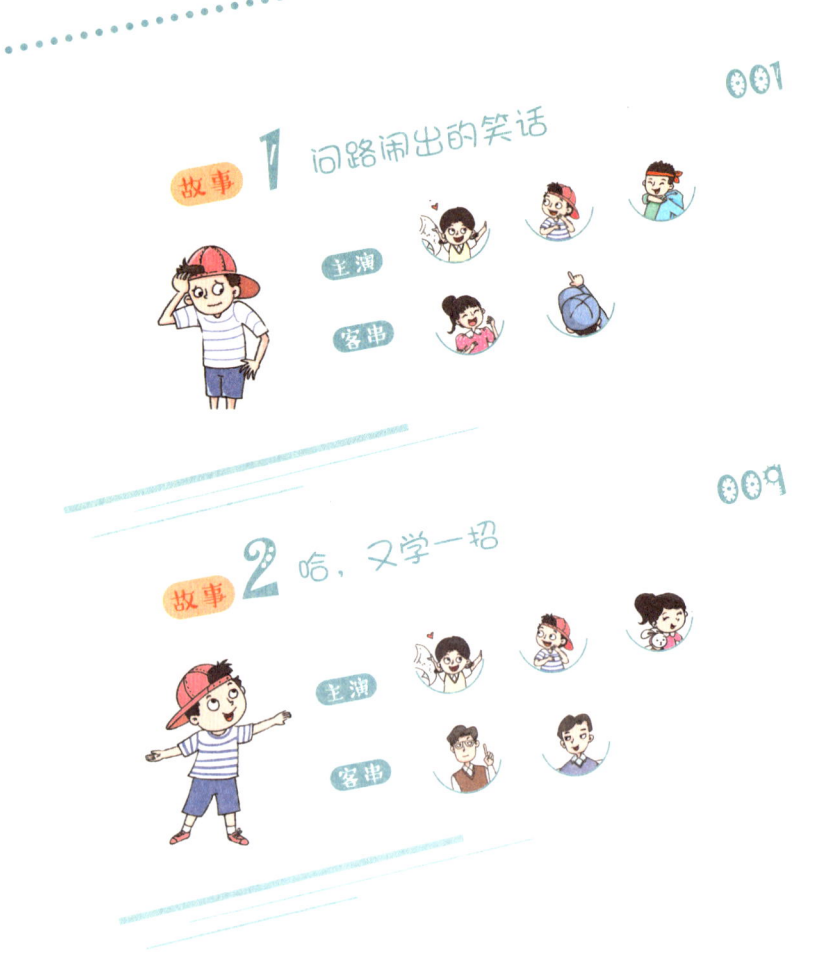

故事 1 问路闹出的笑话 ... 001

主演
客串

故事 2 哈，又学一招 ... 009

主演
客串

故事 **3** 大大方方打招呼　　016

主演

客串

故事 **4** 打招呼的N种方式　　025

主演

客串

故事 **5** 吃了吗，您呐　　033

主演

客串

见面主动开口打招呼,是最基本的礼节,也是与人交往的第一步。打招呼不是命令,是让孩子轻松自然地开口说话。胆怯害羞、不敢打招呼,是很多孩子在成长过程中都会经历的,父母只有找到孩子不自信的原因,才能让孩子用良好的口才表达自己的内心,健康地成长为社交达人。

故事 1

问路闹出的笑话

贾博家附近新开了一家游乐园。星期六,他邀请夏小佑和夏小佐去游乐园里玩。

嗬,这个游乐园可真大,里面除了过山车、旋转木马、海盗船、碰碰车,还有许多伙伴们以前从来没见过的新设施,大家玩得高兴极了。

"看,那是什么!旋转滑梯,咱们去试试。"

夏小佐带头向前跑,跑着跑着,他突然捂着

肚子停了下来，难为情地说："哎哟，肚子疼，我得去趟厕所。"

"你知道厕所在哪儿吗？"

夏小佑向四周看了看，这个游乐园太大了，一眼望不到头，况且大家以前都没有来过这里。

"这还能难倒我？找人问问就知道了。"

夏小佐可不想让人看扁了,他让大家去滑梯下面等着,他自己跑到了一条小路上。

路边有个园林工人正在给草地浇水,夏小佐大声问道:"喂,厕所在哪儿?"

"真没礼貌!"园林工人斜着眼睛看了夏小佐一眼,便去更远的地方浇水了。

夏小佐撇撇嘴继续往前走,看见一个人领着孩子走过来。他忽然想起,妈妈曾经说过,和别人

打招呼的时候要嘴巴甜一点儿，用上合适的称呼。

刚才园林工人就是因为夏小佐没有礼貌，才生气离开的。吃了上一次的亏，夏小佐学乖了。

"这个人的个子和妈妈差不多高，还带着一个小孩儿，叫她阿姨准没错。"他在心里盘算好了，跑到那个人跟前，彬彬有礼地说："阿姨……"

"你叫我阿姨？我才16岁，哈哈……"

夏小佐的话刚出口，那个人就哈哈大笑地走开了。

夏小佐憋了一个大红脸，恨不得马上就消失。正在他不知所措的时候，贾博来了。原来，他也

担心夏小佐，就一路跟了过来，正好撞见了这一幕。

"你怎么能跟16岁的大姐姐叫阿姨呢？没搞清楚状况就胡乱称呼别人，让人笑掉大牙喽！"他笑得眼泪都快出来了。

"哎呀！你别笑，我快憋不住了。"夏小佐憋得满脸通红。

贾博看夏小佐不像在开玩笑，立刻止住笑，四处寻找可以帮助他们的人。这时，一个穿着保安制服的人走了过来。贾博走上前，微笑着说："叔叔您好，请问厕所在哪里？"

保安叔叔用手一指说："就在前面，拐过这个弯就到了。"

"夏小佐，厕所……"

贾博一转身，发现夏小佐不见了，原来他早已像闪电一样冲进厕所里去了。

过了一会儿，夏小佐一身轻松地从厕所出来，感激地对贾博说："幸亏你过来帮忙，要不然我可丢人丢大了。但是，我有一件事没搞清楚。如果我不确定这个人是多大的年龄，应该叫阿姨，还是叫姐姐呢？"

贾博看过介绍各种称呼的动画片，正好可以显摆一下。于是，他轻轻咳嗽了一声，把一只手背到身后，另一只手在下巴上捋了一下，摆出一副老学究的样子说:"当然叫姐姐了,人们都希望自己看起来年轻。所以,用年轻一点儿的称呼会更让人高兴。"

"明白了。"夏小佐刚说完,一位白头发的老爷爷迎面走过来:"你们好呀,小朋友!"

夏小佐脱口而出:"**您好啊,大哥哥。**"

"啥?大哥哥?我都快70岁了。"老爷爷摆摆手走开了。

一旁的贾博捂着肚子,笑得直不起腰来:"像这种能一眼就看出年龄来的,直接称呼老爷爷就行了,竟然还叫人家大哥哥,太好笑了,哈哈……"

夏小佐摸着脑袋,也不好意思地笑了起来。他怎么也没想到,一个小小的称呼竟然能难倒自己。看来和别人打招呼,也是一门学问,得好好学习才行啊!

老师说

在打招呼的时候,使用恰当的称呼,会显得非常亲切,比如张阿姨、李叔叔、莉莉姐等。在称呼别人的时候,要注意对方的年龄和身份,不然就会像夏小佐一样闹出笑话。

故事 2

哈，又学一招

星期日下午，夏小佐和夏小佑正在家里写作业，门铃响了。

"我去开门！"夏小佐飞奔过去，从猫眼里看了一眼说，"爸爸，张叔叔来了。"

他打开门，看见张叔叔身后还站着一个小女孩，大概五六岁的样子。

"张叔叔，下午好！"夏小佐热情地打招呼。

"下午好，小佐。"张叔叔把小女孩从身后拉出来，"快叫小佐哥哥。"

小女孩偷偷瞄了夏小佐一眼，摇摇头又躲到了爸爸身后。

"这是我的女儿小美，6岁了，她有一点儿害羞。"

"没关系，张叔叔、小美，快请进吧！"

爸爸和张叔叔坐在沙发上聊天，小美坐在张叔叔身边，低着头摆弄手里的一只玩具兔子。

"小美，和小佐哥哥、小佑姐姐一起去玩吧。"

张叔叔想让小美和夏小佐兄妹俩尽快熟悉起来。

夏小佐的爸爸热情地说："小佐、小佑，带小美去玩积木吧！"

"好嘞！"夏小佐跳到小美面前，大大咧咧地伸出手说，"你好，我叫夏小佐，你可以叫我小佐哥哥。"

小美呆呆地看了夏小佐一会儿，突然把头埋进张叔叔的胳膊里，带着哭腔说："我不和小佐哥哥玩儿，我要跟着爸爸。"

面对这种非常害羞的小女孩,夏小佐一点儿办法也没有。他朝夏小佑吐吐舌头,宣告自己失败了。

这时,夏小佑走过来,蹲下身子对小美说:"你的小兔子真漂亮,它叫什么名字啊?"

小美从爸爸的胳膊底下探出脑袋,小声说:"它叫花花,是我给它取的名字。"

"**这个名字真好听。**"夏小佑接着说,"我也有一只小兔子,可是它还没有名字,你能帮它取一个好听的名字吗?"

小美最喜欢小兔子了,她坐直了身子,一边眨巴着眼睛在屋子里四处寻找,一边小声嘟囔:

"是小白兔吗？我没看见啊！"

"它在我的房间里。"夏小佑指了指自己的房间，轻轻地拉住小美的手说，"我带你去找它。"

"好！"小美高高兴兴地跟着夏小佑走了。

夏小佐看得目瞪口呆："原来打招呼除了说'你好'，还可以用别的方式啊！哈，又学一招！"

他欣喜若狂地奔向自己的房间，拿出会跳舞的机器人，想现学现卖，试试刚学的这一招灵不灵。

小美和夏小佑正在摆弄小兔子，忽然，一阵欢快的音乐声响起来。她们回头一看，一个小机器人正随着音乐跳舞呢！

"小美，你会跳舞吗？"夏小佐问。

"会！我喜欢跳舞。"小美放下小兔子，站在机器人对面，扭扭腰，摆摆手。兄妹俩被她逗得哈哈大笑。

在夏小佐和夏小佑的带动下，小美完全放松下来，一会儿唱歌，一会儿跳舞，一会儿做游戏，玩得高兴极了。

看到这个情景，客厅里的两个大人都长长地松了一口气。

"其实小美性格挺活泼的，只是到了陌生的环境中有些害羞。"张叔叔如释重负，赞叹道，"小佑的口才不错啊，以后我要经常带小美来串门，让她和小佐、小佑一起玩。"

"没问题，欢迎欢迎。"

听见别人夸奖自己的孩子，夏小佑的爸爸心里乐开了花。

老师说

　　一个好的开场白，可以化解尴尬，拉近人与人之间的距离。夏小佑的做法非常棒：她发现小美一直拿着兔子玩具，知道她喜欢小兔子，所以用小兔子当开场白，立刻引起了小美的兴趣，并很快和她熟悉起来。

故事 3

大大方方打招呼

夏小佐和夏小佑放学回家，收到一个大大的惊喜：妈妈给家中的每个人都买了一套新衣服。

"**妈妈，你发大财了吗？**"夏小佐兴冲冲地问。

"小小年纪天天惦记发财的事，"妈妈拿出一件崭新的T恤，在夏小佐身上比画着说，"明天你的远房表哥要结婚，邀请我们全家去参加婚礼。"

"哇，可以吃喜糖喽！"夏小佐高兴得跳了起来。

夏小佑却在担心另外一个问题:"到时候会见到很多亲戚朋友吧?"

"**当然了,亲朋好友都会来。**"妈妈得意地说,"我们这一大家子人可多了,有很多我都不认识呢!"

"唉!"夏小佑叹了口气。平时在生活中见到的都是熟悉的人,都能热情地和他们打招呼。可是,她很害怕去陌生的地方。在许多陌生人的注视下,她的舌头就会打结,张不开嘴了。

"妈妈，我能不去吗？"夏小佑期盼地问。

"明天不上学，正好可以去和那些亲戚们见见面，联络联络感情。再说了，你难道不想穿着这件漂亮的新裙子，出去秀一下吗？"妈妈苦口婆心，想要说服夏小佑。

夏小佐抢着说："我知道小佑为什么不去，她怕跟那些亲戚打招呼。"

"哦？是这样吗，小佑？"爸爸和妈妈一起看向夏小佑。

夏小佑心想："上一次张叔叔还夸我口才好

呢！我可不能让他们看扁了。"于是，她仰着脸，大声回答："我才不怕呢！去就去！"

爸爸带着一家人来到郊区。路上遇到了堵车，等他们到达表哥家时，大部分亲戚已经到了，小小的院子里挤满了人。

夏小佐他们一进门，就有亲戚热情地过来把他们迎了进去。夏小佑不认识这些人，觉得浑身不自在。

妈妈满脸堆笑，向夏小佐和夏小佑介绍着过来打招呼的亲戚。

"这是表姑妈。"

"这是欣姨妈。"

"这是虎子舅舅。"

妈妈说这些话的时候，夏小佑虽然低着头，但她能感觉到，那些人的目光在自己身上扫来扫去，正在打量着自己呢！她的两只手紧紧地握成拳头，真想赶快离开这里。

可夏小佐完全不一样，他随着妈妈的指点，笑盈盈地问好："表姑妈好！欣姨妈好！虎子舅舅好！"

"好好！真是个懂事的孩子。"亲戚们的赞美声，让夏小佑觉得非常难堪。

夏小佐看出了夏小佑的不安，小声对她说："**别害怕**，他们都很和善。大大方方打个招呼就可以，就像平时和邻居们打招呼一样。"

"好吧，我试一试。"夏小佑鼓起勇气，微笑

着抬起了头。

这时，一位老婆婆笑眯眯地走过来，妈妈介绍说："小佐、小佑，这是梅姥姥。小时候，她经常带着我玩呢。"

"梅姥姥好！"夏小佐和夏小佑同时说了出来。

"哎哟哟，多好的两个孩子啊，是双胞胎吧？"梅姥姥笑着从口袋里掏出一把喜糖，"来来，吃喜糖，可甜了。"

夏小佑接过喜糖，和夏小佐相视一笑，心里顿时轻松了许多。

"我说得没错吧？这些亲戚虽然没见过面，但他们都很和善，很好相处。"夏小佐满脸得意。

夏小佑把糖放进嘴里，说："吃了这块糖，我的嘴巴就会变得甜甜的，不会害怕和他们打招呼了。"

果然，自从吃了那块糖以后，夏小佑大大方方地和亲戚们打招呼，亲戚们对她赞不绝口。

回家的路上，夏小佑从口袋里掏出一块糖，

送给夏小佐："哥哥,这块喜糖是我专门为你留的,谢谢你今天给我当老师。"

"一块糖就够了吗?"

夏小佐伸着手说:"我要10块,100块……"

"妈妈,哥哥太贪心了,你管不管……"

听着兄妹俩在后面斗嘴,爸爸妈妈幸福得快要冒泡了。

老师说

生活中,我们经常需要面对陌生人。比如参加亲戚的婚礼,或者爸爸妈妈的同事之间的聚会,都可能会遇到很多陌生人。虽然,你并不认识他们,但只要他们没有恶意,你就应该大大方方地和他们打招呼。

故事4

打招呼的 N 种方式

国庆假期结束了,夏小佐和夏小佑背着书包去上学。夏小佐一边走一边嘟囔:"**贾博旅行回来了吗?我好想他呀!**"他正说着,突然两眼放光:前面那个背着灰白书包,穿着白色运动鞋的,不正是贾博吗?

夏小佐兴冲冲地跑过去,在背灰白书包的同学肩膀上用力拍了一下,搂住他的脖子说:"贾博!你回来啦?"

"你干什么?"背灰白色书包的同学生气地吼了起来。

这个声音听着不像贾博,天啊,竟然认错人了。夏小佐赶忙把胳膊收回来,连声说:"对不起,对不起,我认错人了。"

"我的肩膀都被你拍疼了,我要去告诉老师。

那个同学气呼呼地跑进了校园里。

"惹祸了吧？"夏小佑埋怨道，"哥哥，你得把人看清楚以后再打招呼啊！可不是所有人都喜欢你和贾博之间那种粗暴的打招呼方式。要是换成女同学，早就被你的巴掌拍哭了。"

夏小佐虽然心里承认夏小佑说得有道理，嘴上却不肯认输，甩出"娇气包"三个字，一溜小跑着冲进教学楼。他要去看看贾博有没有在教室。

结果……非常令人失望。贾博还没来呢！

"这个家伙肯定在睡懒觉。"夏小佐放下书包，来到窗户前。忽然，他看见贾博从大门口走了进来，激动得搓着手说："我要给贾博一个大大的惊喜。"

亲眼看着贾博走进了教学楼，夏小佐坏笑着躲到门后面，在心里数着："1，2，3，4，5……"

脚步声越来越近，很快就到门口了。夏小佐

突然从门后面跳出来，扮着鬼脸大喊一声："早上好！"

"啊——"一个又尖又细的声音惊恐地叫了起来。

夏小佐定睛一看，傻眼了，进来的不是贾博，而是班里胆子最小的米娜。她吓得哇哇大哭，浑身发抖。

曹老师听见尖叫声，赶紧从办公室跑过来，慌里慌张地问："怎么了？出什么事了？"

"我以为是贾博进来了，想和他打个招呼。"夏小佐怯怯地说。

曹老师扶着米娜回到座位上，对夏小佐说："你活泼热情，喜欢主动和老师同学打招呼，我们都很喜欢你。可是，和别人打招呼一定要分清对象。你和贾博是好哥们，打招呼可以用你们都能接受的方式，比如拍一下肩膀，碰碰拳头，都可以，但并不是所有人都喜欢这样的方式。米娜胆子小，你突然从门后面跳出来，会把她吓坏的。"

"我知道了，曹老师。"夏小佐低着头回到自己的座位上。

曹老师说："现在我们来玩一个新游戏。游戏的名字叫打招呼的N种方式。每个同学都要说出几种打招呼的方式，还要说出自己最喜欢哪一种。"同学们很喜欢这个游戏，教室里一下子就炸开了锅。

"你好。"

"嗨！"

"早上好。"

"好久不见。"

"轻轻地点点头。"

"礼貌地笑一笑。"

"我喜欢像大人一样握手。"

"我喜欢微笑着打招呼。"

"我喜欢冲好朋友挤挤眼睛。"

"我喜欢和好朋友击掌。"

这一节课，同学们学到了五花八门的打招呼方式。下课后，夏小佐还在想曹老师说的话。突然，有人在他肩膀上拍了一下。

"嗨，夏小佐！"

"贾博……"

夏小佐看着贾博，笑得比花园里的花朵还灿烂呢！

老师说

亲密的好朋友，彼此已经非常熟悉了，打招呼的时候可以使用彼此都喜欢的方式，甚至，还可以共同创造出一些独特的打招呼方式，既好玩又能增进朋友之间的友谊。但如果是不熟悉、不太了解的朋友，还是微笑着说"你好"，会显得更稳妥，更有礼貌。

故事 5

吃了吗，您哪

　　夏小佐在电视上学了一句话："吃了吗，您哪？"

　　老北京人见了面，都喜欢问一句："吃了吗，您哪？"听着又亲切又好玩，所以夏小佐把这句话牢牢地记在了心里。

　　清晨起床，夏小佐迷迷瞪瞪地从房间里走出来，看见妈妈正在化妆，开口便说："吃了吗，您哪？"

　　"吃什么？没看见我正在化妆吗？快去刷牙

洗脸。"妈妈继续化着妆。

夏小佐觉得不过瘾,又笑嘻嘻地冲夏小佑说:"吃了吗,您哪?"

"哥哥今天要发疯。"夏小佑开玩笑说。

爸爸拿着油卷回来了,夏小佐笑眯眯地迎上去说:"吃了吗,您哪?"

"这孩子是不是发烧了?没看见我刚买的早餐啊!"爸爸忽然想到一个问题,赶忙提醒道,"小佐,这句话虽然很好玩,但不是在任何场合都能用啊！比如……"爸爸心里想着工作上要处理的事，忘了把后半句话告诉他。

"只是打个招呼而已，什么时候都能用。"夏小佐转身去刷牙洗脸了。

到了学校，夏小佐也用这句话和同学、老师打招呼，大家都觉得很新奇。

看见大家都这么开心，夏小佐更喜欢这句话了。就连夏小佑，也觉得这句话非常适合用来打招呼。

"丁零零……"，下课了。夏小佐和贾博第一时间冲向厕所。恰好，校长刚从厕所里出来。夏小佐和贾博出于礼貌，立刻来了个急刹车。

"校长好！"贾博彬彬有礼地和校长打招呼。

夏小佐想都没想，脱口而出："校长，吃了吗，您哪？"

"啊？这……吃什么？"校长满脸尴尬，一时之间不知道该怎么回答。来上厕所的同学们听到这句话，笑得前仰后合。

"竟然在厕所问校长吃了吗。"

"太好笑了，哈哈……"

"别笑了，快去上厕所！"

校长丢下一句话，哭笑不得地溜回了自己的办公室。

夏小佐的眉毛拧成了黑疙瘩："早晨来学校的时候，大家都很喜欢这句话啊！为什么现在又嘲笑起来了？"他解不开心里的疙瘩，一直闷闷不乐的。

回家以后，夏小佑把学校里发生的事告诉了爸爸，爸爸想到了一个好办法。

过了一会儿,夏小佐去上厕所。等他出来的时候,爸爸笑嘻嘻地说:"吃了吗,您哪?"

"吃……不对不对,没吃……哎呀,好像也不太合适。"夏小佐尴尬地回应着,脑海里突然出现了校长的影子。

"啊,我知道了!"夏小佐兴奋地叫起来,

"'吃了吗,您哪?'在早晨、中午、晚上使用,都没有问题,因为那正好是吃饭的时间,但在厕所里问,就不太合适了,所以校长才会觉得尴尬。"

爸爸笑着点点头:"没错,使用问候语,要注意时间和地点,用错了会让人笑掉大牙的。"经历了这件事后,夏小佐再也不胡乱使用问候语了。只有在吃饭的时间,比如早晨、中午、晚上,他才会问:"吃了吗,您哪?"在其他时间,他会热情地说:"老师好!""校长好!""叔叔阿姨好!"

由于用错问候语而让人笑掉大牙的事,再也没在夏小佐身上出现过。

老师说

　　使用问候语，要分清时间。比如，早晨可以说"早上好"，如果你在早晨跟别人说"晚上好"，别人肯定会笑掉大牙的。同样的道理，问候别人的时候，也要分清场合。如果在厕所这种地方，你问别人"吃了吗"，就不太合适了。